Todos los libros de Linkgua Ediciones cuentan con modelos de Inteligencia Artificial entrenados por hispanistas. Pregúntale al chat de tu libro lo que desees acerca de la obra o su autor/a.

Para **ebooks:** Accede a nuestro modelo de IA a través de un enlace.

Para **libros impresos:** Escanea el código QR de la portada con tu dispositivo móvil.

Obtén análisis detallados de nuestros libros, resúmenes, respuestas a tus preguntas y accede a nuestras ediciones críticas generativas para una experiencia de lectura más enriquecedora.
La transparencia y el respeto hacia la autoría de las fuentes utilizadas son distintivos básicos de nuestro proyecto. Por ello, las respuestas ofrecen, mediante un sistema de citas, las fuentes con las que han sido elaboradas.

Autores Varios

Constitución de la República de Panamá de 1904

Barcelona 2025
Linkgua-ediciones.com

Créditos

Título original: Constitución de la República de Panamá de 1904.

e-mail: info@linkgua.com

Diseño cubierta: Michel Mallard.

ISBN rústica ilustrada: 978-84-1076-100-1.
ISBN tapa dura: 978-84-1076-101-8.
ISBN ebook: 978-84-9007-332-2.

Sumario

Brevísima presentación

La Constitución de la República de Panamá de 1904 es la carta magna que estableció el marco legal y político para el gobierno de Panamá en el periodo comprendido entre 1904 y 1941. Fue promulgada el 15 de febrero de 1904, poco después de la independencia del país de Colombia en 1903.

La Constitución de 1904 estableció un sistema de gobierno republicano y representativo. Estableció la división de poderes en tres ramas: el Poder Ejecutivo, encabezado por un presidente; el Poder Legislativo, a cargo de una Asamblea Nacional; y el Poder Judicial, con la Corte Suprema como máxima autoridad.

Esta constitución también estableció las bases para la organización política y administrativa del país. Definió la estructura del gobierno central, la autonomía de los municipios y los derechos y deberes de los ciudadanos.

En cuanto a los derechos individuales, la Constitución de 1904 garantizaba la libertad de expresión, de prensa, de culto y de asociación. También reconocía la igualdad ante la ley y el derecho a la propiedad privada.

La Constitución de 1904 fue reemplazada en 1941 por una nueva carta magna, pero su legado perdura en la historia constitucional de Panamá. Sentó las bases para el desarrollo político y social del país y contribuyó a la consolidación de la República de Panamá como una nación independiente y democrática.

Constitución panameña de 1904

Nosotros, los Representantes del pueblo de Panamá, reunidos en Convención Nacional con el objeto de constituir la Nación, mantener el orden, afianzar la justicia, promover el bienestar general y asegurar los beneficios de la libertad para nosotros, para nuestra posteridad y para todos los hombres del mundo que habiten el suelo panameño, invocando la protección de Dios, ordenamos, decretamos y establecemos para la Nación panameña, la siguiente Constitución:

Título I. De la Nación y el Territorio

Artículo 1

El pueblo panameño se constituye en Nación independiente y soberana, regida por un Gobierno republicano y democrático, bajo la denominación de República de Panamá.

Artículo 2

La soberanía reside en la Nación, quien la ejerce por medio de sus Representantes, del modo como esta Constitución lo establece y en los términos en ella expresados.

Artículo 3

Compone el territorio de la República todo aquel con el cual se formó el Estado de Panamá, por acto adicional de la Constitución Granadina de 1853, en 27 de Febrero de 1855, transformado en 1886 en Departamento de Panamá, con sus islas; y el territorio continental e insular que adjudicó a la República de Colombia el laudo pronunciado el 11 de Septiembre de 1900, por el Presidente de la República Francesa. El territorio de la República queda sujeto a las limitaciones jurisdiccionales estipuladas o que se estipulen en los Tratados Públicos celebrados con los Estados Unidos de Norte América, para la construcción, mantenimiento o sanidad de cualquier medio de tránsito interoceánico.

Por Tratados Públicos se determinarán los límites con la República de Colombia.

Artículo 4

El territorio de la República se divide en las Provincias de Bocas del Toro, Coclé, Colón, Chiriquí, Los Santos, Panamá y Veraguas.

Las Provincias se dividen en Municipios.

La Asamblea Nacional podrá aumentar o disminuir el número de aquellas y de estos, o variar sus límites.

Artículo 5

El territorio con los bienes públicos que de él forman parte, pertenece a la Nación.

Título II. Nacionalidad y ciudadanía

Artículo 6

Son Panameños:

1.º Todos los que hayan nacido o nacieren en el territorio de Panamá, cualquiera que sea la nacionalidad de sus padres.

2.º Los hijos de padre o madre panameños que hayan nacido en otro territorio, si vinieren a domiciliarse en la República y expresen la voluntad de serlo.

3.º Los extranjeros con más de diez años de residencia en el territorio de la República que, profesando alguna ciencia, arte o industria, o poseyendo alguna propiedad raíz o capital en giro, declaren ante la Municipalidad panameña en que residan su voluntad de naturalizarse en Panamá. Bastarán seis años de residencia si son casados y tienen familia en Panamá y tres años si son casados con panameña.

4.º Los colombianos que, habiendo tomado parte en la independencia de la República de Panamá, hayan declarado su voluntad de serlo, o así lo declaren ante el Consejo Municipal del Distrito en donde residan.

Artículo 7

La calidad de nacional panameño se pierde:

1.º Por adquirir carta de naturaleza en país extranjero, fijando en él domicilio.

2.° Por admitir empleos u honores de otro Gobierno, sin el permiso del Presidente de la República.

3.° Siendo nacido panameño, por no aceptar el movimiento de independencia de la Nación.

4.° Por haberse comprometido al servicio de una Nación enemiga.

La nacionalidad sólo podrá recobrarse en virtud de rehabilitación de la Asamblea Nacional.

Artículo 8

Todos los panameños tienen el deber de servir a la Nación conforme lo dispongan las leyes; y tanto éstos como los extranjeros que se hallen en el territorio de la República, el de vivir sometidos a la Constitución y a las leyes, y el de respetar y obedecer a las autoridades.

Artículo 9

Los extranjeros disfrutarán en Panamá de los mismos derechos que se concedan a los panameños por las leyes de la Nación a que el extranjero pertenezca, salvo lo que se estipule en los Tratados Públicos y, en defecto de éstos, lo que determinen las leyes.

Artículo 10

Los extranjeros naturalizados o domiciliados no serán obligados a tomar armas contra el país de su nacimiento.

Artículo 11

Son ciudadanos de la República todos los panameños mayores de veintiún años.

Artículo 12

La ciudadanía consiste en el derecho de elegir para los puestos públicos de elección popular, y en la capacidad para ejercer cargos oficiales con mando y jurisdicción.

Artículo 13

La ciudadanía, una vez adquirida, sólo se pierde:

1.° Por pena, conforme a la ley, pudiéndose obtener rehabilitación de la Asamblea Nacional.

2.° Por perderse la calidad de panameño, conforme a la Constitución Nacional.

Artículo 14

La ciudadanía se suspende:

1.° Por causa criminal pendiente, desde que el Juez dicte auto de prisión.

2.° Por no tener legalmente la libre administración de sus

bienes.

3.° Por beodez habitual.

Título III. De los derechos individuales

Artículo 15

Las autoridades de la República están instituidas para proteger a todas las personas, residentes o transeúntes, en sus vidas, honra y bienes, y asegurar el respeto recíproco de los derechos naturales, constitucionales y legales, previniendo y castigando los delitos.

Artículo 16

Todos los panameños y extranjeros son iguales ante la ley. No habrá fueros ni privilegios personales.

Artículo 17

Toda persona tiene derecho de presentar peticiones respetuosas a las autoridades, ya sea por motivo de interés general, ya de interés particular; y el de obtener pronta resolución.

Artículo 18

Las Corporaciones legítimas y públicas tienen derecho a ser reconocidas como personas jurídicas y a ejecutar en tal virtud, actos civiles y gozar de las garantías aseguradas por este título, con las limitaciones generales que establezcan las leyes, por razones de utilidad común.

Artículo 19

No habrá esclavos en Panamá. El que, siendo esclavo, pise el territorio de la República, quedará libre.

Artículo 20

Todos los habitantes de la República tienen el derecho de reunirse pacíficamente y sin armas, y el de asociarse para todos los fines lícitos de la vida.

Artículo 21

Toda persona podrá viajar dentro de los límites de la República, y cambiar de residencia, sin necesidad de permiso, pasaporte u otro requisito semejante, salvo lo que las leyes dispongan sobre el arraigo judicial y sobre inmigración.

Artículo 22

Nadie podrá ser juzgado ni sentenciado sino por Jueces o Tribunales competentes, en virtud de las leyes anteriores al delito cometido y en la forma que éstas establezcan.

Podrán sin embargo castigar sin juicio previo los funcionarios que ejercen autoridad o jurisdicción a cualquiera que los injurie o irrespete en el acto en que estén desempeñando su cargo, y los Jefes Militares y Capitanes de buques, los cuales podrán imponer penas incontinenti para contener una insubordinación, mantener el orden y para reprimir los delitos cometidos a bordo fuera de puerto.

Artículo 23

Nadie podrá ser molestado en su persona o familia ni reducido a prisión o arresto, ni detenido, ni su domicilio registrado, sino en virtud de mandamiento escrito de autoridad competente con las formalidades legales y por motivos previamente definidos en las leyes.

En ningún caso podrá haber detención, prisión ni arresto por deudas u obligaciones puramente civiles, salvo el arraigo judicial.

El delincuente cogido *infraganti* podrá ser aprehendido y llevado ante el Juez por cualquiera persona.

Artículo 24

Toda persona detenida o presa sin las formalidades legales, o fuera de los casos prescritos en esta Constitución o en las leyes, será puesta en libertad, a petición suya o de cualquiera otra persona. La ley determinará la forma de este procedimiento sumario.

Artículo 25

Nadie está obligado a declarar en asunto criminal contra sí mismo, ni contra su cónyuge, ni contra ningún miembro de su familia dentro del cuarto grado de consanguinidad o segundo de afinidad.

Artículo 26

Es libre la profesión de todas las religiones, así como el ejercicio de todos los cultos, sin otra limitación que el respeto a la moral cristiana y al orden público. Se reconoce que la Religión Católica es la de la mayoría de los habitantes de la República, y la ley dispondrá se le auxilie para fundar un Seminario Conciliar en la Capital, y para misiones a las tribus indígenas.

Artículo 27

Toda persona podrá emitir libremente su pensamiento, de palabra o por escrito, por la imprenta, o cualquier otro medio, sin sujeción a censura previa, siempre que se refiera a los actos oficiales de funcionarios públicos. Pero existirán las responsabilidades legales cuando por alguno de estos medios se atente contra la honra de las personas.

Artículo 28

La correspondencia y demás documentos privados son inviolables, y ni aquella ni éstos pueden ser ocupados ni examinados sino por disposición de autoridad judicial competente y con las formalidades que prescriban las leyes. En todo caso, se guardará reserva sobre los asuntos ajenos al objeto de la ocupación y del examen.

Artículo 29

Toda persona podrá ejercer cualquier oficio u ocupación honesta sin necesidad de pertenecer a gremios de maestros o doctores.

Las autoridades inspeccionarán las industrias y profesiones en lo relativo a la moralidad, la seguridad y la salubridad públicas.

Es preciso poseer títulos de idoneidad para el ejercicio de las profesiones médicas y de sus auxiliares.

Artículo 30

Las obligaciones de carácter civil que nazcan de contratos o de otros actos, hechos u omisiones que las produzcan, no podrán ser alteradas ni anuladas por el Poder Ejecutivo ni por el Legislativo.

Artículo 31

Las leyes determinarán lo relativo al estado civil de las personas, y los consiguientes derechos y deberes.

Artículo 32

Las leyes no tendrán efecto retroactivo.

En materia criminal la ley permisiva o favorable, aun cuando sea posterior, se aplicará de preferencia a la restrictiva o desfavorable.

Artículo 33

Los derechos adquiridos con arreglo a las leyes no podrán ser vulnerados ni desconocidos por leyes posteriores.

Cuando de la aplicación de una ley expedida por motivos de utilidad pública resultaren en conflicto los derechos de los particulares con la necesidad reconocida por dicha ley, el interés privado cederá al interés público. Pero las expropiaciones que sea preciso hacer, requieren previa y plena indemnización.

Artículo 34

El destino de las donaciones intervivos y testamentarias, hechas conforme a las leyes para objetos de Beneficencia o de Instrucción Pública, no podrá ser variado o modificado por el Legislador.

Artículo 35

Los particulares no son responsables ante las autoridades sino por infracción de la Constitución o de las leyes. Los funcionarios públicos los son por la misma causa, por extralimitación de funciones, o por omisión en el ejercicio de éstas.

Artículo 36

En caso de infracción manifiesta de un precepto constitucional en detrimento de alguna persona, el mandato superior no exime de responsabilidad al agente que lo ejecuta.

Los individuos de tropa del Ejército, que se hallen en servicio, quedan exceptuados de esta disposición. Respecto de ellos, la responsabilidad recaerá únicamente sobre el superior jerárquico que da la orden.

Artículo 37

No serán permitidos los juegos de suerte y azar en el territorio de la República.

Artículo 38

No habrá monopolios oficiales.

Artículo 39

No habrá bienes raíces que no sean de libre enajenación, ni obligaciones irredimibles.

Artículo 40

Todo autor o inventor gozará de la propiedad exclusiva de su obra o invención por el tiempo que determine la ley y en la forma que ella establezca.

Artículo 41

Nadie está obligado a pagar contribución ni impuesto que no estuvieren legalmente establecidos y cuya cobranza no se hiciere en la forma prescrita por las leyes.

Artículo 42

Nadie podrá ser privado de su propiedad ni en todo ni en parte, sino en virtud de pena o de contribución general con arreglo a las leyes.

Por graves motivos de utilidad pública, definidos por el legislador, podrá haber lugar a enajenación forzosa de bienes o derechos mediante mandamiento judicial, pero el pago de su valor declarado se hará antes de desposeer de ellos al dueño.

Artículo 43

Los edificios destinados a cualquier culto, los Seminarios Conciliares y las casas Episcopales y curales no podrán ser gravadas con contribuciones, y sólo podrán ser ocupadas en casos de urgente necesidad pública.

Artículo 44

En ningún caso podrá establecerse por el Legislador pena de confiscación de bienes.

Artículo 45

Las cárceles son lugares de seguridad y expiación, no de castigo cruel; por lo tanto es prohibida toda severidad que no sea necesaria para la custodia y enmienda de los presos.

Artículo 46

Las leyes determinarán la responsabilidad a que puedan quedar sometidos los funcionarios públicos que atenten contra los derechos garantizados en este Título.

Artículo 47

Los derechos individuales reconocidos y garantizados en los artículos 21, 23, 24, 27, 28 y 42 podrán ser suspendidos temporalmente en toda la República, o en parte de ella, cuando lo exija la seguridad del Estado en caso de guerra exterior o de perturbación interna, que amenace la paz pública.

Esta suspensión será decretada por la Asamblea Nacional, si estuviere reunida; pero si estuviere en receso y fuere inminente el peligro podrá dictarla el Presidente de la República por medio de un Decreto que lleve la firma de todos sus Secretarios. En este caso, el Presidente en el mismo decreto de suspensión convocará la Asamblea Nacional para darle cuenta de las razones que lo motivaron.

Artículo 48

Es prohibido a la Asamblea Nacional dictar leyes que disminuyan, restrinjan o adulteren cualquiera de los derechos individuales consignados en el presente Título, sin reforma previa a la Constitución, salvo las excepciones que ésta establece.

Título IV. Del Sufragio

Artículo 49

Todos los ciudadanos mayores de 21 años de edad tienen derecho al ejercicio del sufragio, excepto los que estén bajo interdicción judicial, y los inhabilitados judicialmente por causa de delito.

La ley podrá disponer que determinadas elecciones se verifiquen a dos grados, y, en este caso, establecerá las condiciones de los electores en segundo término.

Artículo 50

Las leyes determinarán la responsabilidad a que quedan sometidos los funcionarios públicos que con sus actos atenten contra los derechos reconocidos en este Título.

Título V. De los Poderes Públicos

Artículo 51

El Gobierno de la República se divide en tres Poderes así: Legislativo, Ejecutivo y Judicial.

Artículo 52

Todos los poderes públicos son limitados y ejercen separadamente sus respectivas atribuciones.

Título VI. Del Poder Legislativo

Artículo 53

El Poder Legislativo se ejerce por una Corporación denominada Asamblea Nacional, compuesta de tantos Diputados cuantos correspondan a los círculos electorales, a razón de uno por cada diez mil habitantes y uno más por un residuo que no baje de cinco mil, elegidos por un período de cuatro años.

Habrá suplentes que reemplacen a los principales en las faltas absolutas o temporales.

Artículo 54

La Asamblea Nacional se reunirá, sin necesidad de convocatoria, en la Capital de la República cada dos años, el día 1.° de Septiembre.

Artículo 55

La duración de las sesiones ordinarias de la Asamblea Nacional será de noventa días, que, en caso de necesidad, la misma Asamblea prorrogará hasta por treinta días más. El Presidente de la República podrá convocar a sesiones extraordinarias por el tiempo que él señale y para tratar exclusivamente los asuntos que le someta.

Artículo 56

Para ser Diputado a la Asamblea Nacional se requiere ser ciudadano en ejercicio y haber cumplido veinticinco años de edad.

Artículo 57

Los Miembros de la Asamblea Nacional son irresponsables por las opiniones y votos que emitan, ya de palabra, ya por escrito, en el ejercicio de su cargo, y en ningún tiempo ni por autoridad alguna podrán ser perseguidos con este motivo.

Artículo 58

El Presidente de la República, los Secretarios de Estado, los Magistrados de la Corte Suprema de Justicia y el Procurador General de la Nación, no podrán ser elegidos Diputados a la Asamblea sino seis meses después de haber cesado en el ejercicio de sus funciones. Igual inhabilidad alcanzará a los ciudadanos que hayan ejercido el Poder Ejecutivo.

Artículo 59

Tampoco es elegible Diputado ningún otro empleado con jurisdicción o mando por el Circuito Electoral en donde haya ejercido su autoridad noventa días antes al de las votaciones.

Artículo 60

Veinte días antes de principiarse las sesiones, durante ellas y veinte días después, ningún miembro de la Asamblea Nacional podrá ser llamado a juicio criminal sin permiso de ésta.

En caso de flagrante delito, podrá ser detenido el delincuente y será puesto inmediatamente a disposición de dicha Corporación. Tampoco podrán ser demandados civilmente, durante el mismo término.

Artículo 61

Ningún aumento de dietas o de viáticos se hará efectivo sino después que hayan cesado en sus funciones los miembros de la Asamblea en que hubiere sido votado.

Artículo 62

Los Diputados a la Asamblea no podrán hacer por sí mismos, ni por interpuesta persona, contrato alguno con la Administración ni admitir de nadie poder para gestionar negocios que tengan relación con el Gobierno.

Artículo 63

En caso de falta de un miembro de la Asamblea Nacional, sea accidental o absoluta, lo subrogará el suplente legal.

Cuando algún Diputado se retire de las sesiones, o fuere reemplazado por un suplente, corresponderán al primero los viáticos de marcha a la capital, y al segundo los de regreso a su domicilio.

Artículo 64

El Presidente de la República no puede conferir otros empleos a los Diputados a la Asamblea que los de Secretario de

Estado, Gobernadores de Provincia o Agente Diplomático o Consular.

La aceptación de cualquiera de estos empleos producirá la pérdida de la Diputación.

Artículo 65

Son funciones legislativas de la Asamblea Nacional:

1.° Expedir los Códigos Nacionales y las leyes necesarias para el arreglo de la Administración en todos sus ramos, reformarlos y derogarlos;

2.° Determinar la bandera y el escudo de armas de la República;

3.° Crear o suprimir empleos; determinar expresamente las funciones, deberes y atribuciones que les correspondan, fijar los períodos y señalar los sueldos;

4.° Aprobar o improbar los Tratados públicos que celebre el Poder Ejecutivo, requisito sin el cual, no podrán ser ratificados ni canjeados;

5.° Aprobar o desaprobar los Contratos o Convenios que celebre el Presidente de la República con particulares, Compañías, o Entidades Públicas, en los cuales tenga interés la Nación, si no hubieren sido previamente autorizados, o si no se hubieren llenado en ellos las formalidades prescritas por la Asamblea Nacional, o si algunas estipulaciones que contenga no estuvieren ajustadas a la respectiva ley de autorizaciones;

6.º Conceder autorizaciones al Poder Ejecutivo para celebrar contratos, negociar empréstitos, enajenar bienes nacionales y ejercer otras funciones dentro de la órbita constitucional;

7.º Decretar la guerra, y facultar al Poder Ejecutivo para hacer la paz;

8.º Designar el lugar en donde deban residir los Altos Poderes Públicos;

9.º Dividir el territorio de la República en circuitos electorales;

10. Limitar o regular la apropiación o adjudicación de tierras baldías;

11. Fijar el pie de fuerza en tiempo de paz;

12. Organizar la Policía Nacional;

13. Promover y fomentar la educación pública, las ciencias y las artes;

14. Decretar los monumentos que haya de erigir el Estado, y otras obras públicas que deban emprenderse con recursos nacionales;

15. Fomentar las empresas útiles o benéficas, dignas de estímulo y apoyo, y decretar auxilios;

16. Dictar las leyes conducentes a levantar el censo de la po-

blación y formar la Estadística Nacional;

17. Conceder amnistía, pero si hubiere responsabilidad civil respecto de particulares, la República estará obligada al pago de las indemnizaciones;

18. Organizar el Crédito Público;

19. Reconocer la deuda Nacional y regularizar su servicio;

20. Decretar los gastos de la Administración, con vista de los Presupuestos que presente el Poder Ejecutivo, conformándose o no con ellos.

Si por cualquier motivo no se expidiere el Presupuesto por la Asamblea Nacional, continuará en vigor el de la vigencia económica anterior;

21. Establecer impuestos, contribuciones y rentas para atender al servicio público;

22. Decretar la enajenación de bienes nacionales o su aplicación a usos públicos;

23. Determinar la ley, peso, valor, forma, tipo y denominaciones de la moneda nacional y arreglar el sistema de pesas y medidas;

24. Aumentar o disminuir el número de las Provincias y Distritos Municipales, y variar sus límites;

25. Dictar el reglamento para su régimen interior.

Título VII. Del Poder Ejecutivo

Artículo 69

El Poder Ejecutivo se ejerce por un Magistrado que se denominará Presidente de la República, quien tendrá para su Despacho el número de Secretarios que la ley determine.

El Presidente entrará en ejercicio de sus funciones constitucionales el día 1.° de Octubre próximo al de su elección, y durará cuatro años en su empleo.

En la misma ley se determinará también la nomenclatura y precedencia de los Secretarios del Despacho.

Artículo 70

Para ser Presidente de la República se requiere:

1.° Ser panameño de nacimiento.

2.° Haber cumplido treinta y cinco años de edad.

Artículo 71

El Presidente de la República electo, o el ciudadano que llegue a reemplazarlo, tomará posesión de su destino ante el Presidente de la Asamblea y prestará juramento en estos términos: Juro a Dios y a la Patria cumplir fielmente la Constitución y Leyes de Panamá.

Artículo 72

Si por cualquier motivo el Presidente de la República no pudiere tomar posesión ante el de la Asamblea Nacional, lo verificará ante el de la Corte Suprema de Justicia, y en defecto de éste, ante dos testigos.

Artículo 73

Son atribuciones del Presidente de la República:

1.° Nombrar y separar libremente los Secretarios de Estado, los Gobernadores de las Provincias y las personas que deban desempeñar cualesquiera empleos nacionales cuya provisión no corresponda a otros funcionarios o corporaciones;

2.° Velar por la conservación del orden público;

3.° Dirigir las relaciones diplomáticas y comerciales con las demás Naciones, nombrar libremente y recibir los Agentes respectivos; y celebrar tratados públicos y convenios, los que serán sometidos para su aprobación a la Asamblea Nacional;

4.° Cuidar de que la Asamblea Nacional se reúna el día señalado por la Constitución o por la resolución o decreto en que haya sido convocada a sesiones extraordinarias, dando con oportunidad las disposiciones convenientes para que los Diputados reciban los auxilios de marcha que les señale la ley;

5.° Presentar al principio de cada Legislatura, el primer día de sus sesiones ordinarias, un mensaje sobre los asuntos de la Administración;

6.º Dar a la Asamblea los informes especiales que de él solicite;

7.º Sancionar y promulgar las leyes, obedecerlas y velar por su exacto cumplimiento;

8.º Enviar, dentro de los diez primeros días de las sesiones ordinarias, a la Asamblea Nacional, el Presupuesto de Rentas y Gastos para el bienio siguiente, y la cuenta general del Presupuesto y del Tesoro;

9.º Vigilar la recaudación y administración de las rentas de la República y decretar su inversión con arreglo a las leyes;

10. Celebrar contratos administrativos para la prestación de servicio y ejecución de obras públicas, con arreglo a las leyes fiscales y con la obligación de dar cuenta a la Asamblea en sus sesiones ordinarias;

11. Conceder patentes de privilegios útiles conforme a las leyes;

12. Dar carta de naturalización conforme a las leyes;

13. Conceder a los nacionales que lo soliciten, permiso para aceptar cargos o distinciones de Gobiernos extranjeros;

14. Dirigir, reglamentar e inspeccionar la Instrucción Pública Nacional;

15. Velar sobre la buena marcha de los establecimientos pú-

blicos de la Nación;

16. Sancionar, promulgar y hacer cumplir todas aquellas disposiciones sanitarias que dicte la Junta Nacional de Higiene;

17. Nombrar los Magistrados de la Corte Suprema de Justicia, el Procurador General de la Nación, los Fiscales y Personeros de acuerdo con los requisitos exigidos por la ley;

18. Conceder indultos, conmutar y rebajar penas con arreglo a la ley que regule el ejercicio de esta facultad;

19. Conferir grados militares de acuerdo con las formalidades constitucionales y legales;

20. Disponer de la Fuerza Pública, como Jefe Supremo de la Nación.

Artículo 74

Ningún acto del Presidente de la República, excepto el de nombramiento o remoción de Secretarios de Estado, tendrá valor ni fuerza alguna mientras no sea refrendado y comunicado por el Secretario de Estado del ramo respectivo, quien por el mismo hecho se constituye responsable.

Artículo 75

El Presidente de la República o el Encargado del Poder Ejecutivo podrá separarse del ejercicio de sus funciones con licencia que le será concedida por la Asamblea Nacional y en receso de ésta por la Corte Suprema de Justicia.

Por motivo de enfermedad, bastará el aviso previo a la respectiva Corporación.

Artículo 76

El Presidente, en el ejercicio de sus funciones y por interés público, puede visitar, por el tiempo que juzgue conveniente, cualquier punto de la República.

Artículo 77

Los emolumentos que la ley asigne al Presidente de la República no podrán ser alterados en el mismo período para el cual hayan sido fijados.

Artículo 78

El Presidente de la República o quien lo sustituya en sus funciones sólo es responsable en los casos siguientes:

1.° Por extralimitación de sus funciones constitucionales;

2.° Por actos de violencia o coacción en las elecciones, o que impidan la reunión constitucional de la Asamblea Nacional, o estorben a ésta y a las demás Corporaciones o autoridades públicas que establece la Constitución, el ejercicio de sus funciones;

3.° Por delitos de alta traición.

En los dos primeros casos, la pena no podrá ser otra que la de destitución, y si hubiere cesado en el ejercicio de sus funciones el Presidente, la de inhabilitación para ejercer cualquier cargo público.

En el último caso se aplicará el derecho común.

Artículo 79

Por falta accidental o absoluta del Presidente de la República, ejercerá el Poder Ejecutivo uno de los Designados en el orden en que hayan sido nombrados.

Son faltas absolutas únicas del Presidente: su muerte, su renuncia aceptada o su destitución.

El Encargado del Poder Ejecutivo tendrá la misma preeminencia y ejercerá las mismas atribuciones que el Presidente de la República, cuyas veces desempeña.

Artículo 80

Para ser Designado se requieren las mismas calidades que para ser Presidente de la República.

Artículo 81

Cuando, por cualquier motivo, las faltas del Presidente no pudieren ser llenadas por los Designados, ejercerá la Presidencia el Secretario de Estado que, por mayoría de votos, designe el Consejo de Gabinete.

Artículo 82

El ciudadano que haya sido elegido Presidente de la República no podrá ser reelegido para el período inmediato, si hubiere ejercido la Presidencia dentro de los diez y ocho meses inmediatamente precedentes a la nueva elección.

Artículo 83

El ciudadano que hubiere sido llamado a ejercer la Presidencia, y la hubiere ejercido dentro de los seis últimos meses precedentes al día de la elección del nuevo Presidente, como ningún pariente suyo comprendido dentro del cuarto grado civil de consanguinidad o segundo de afinidad, tampoco podrá ser elegido para este empleo.

Título VIII. De las Secretarías de Estado

Artículo 84

La distribución de los negocios en cada Secretaría de Estado, según sus afinidades, corresponde al Presidente de la República.

Artículo 85

Para ser Secretario de Estado, se requieren las mismas calidades que para ser Diputado a la Asamblea Nacional.

Artículo 86

Los Secretarios de Estado son órgano único de comunicación del Poder Ejecutivo con la Asamblea Nacional; pueden proponer proyectos de ley y tomar parte en los debates.

Artículo 87

Cada Secretario de Estado presentará a la Asamblea Nacional, dentro de los primeros diez días de cada Legislatura, un informe o memoria sobre el estado de los negocios adscritos a su Departamento y sobre las reformas que él juzgue oportuno introducir.

Artículo 88

La Asamblea Nacional puede requerir la asistencia de los Secretarios de Estado, cuando ella lo tenga a bien.

Artículo 89

El Consejo de Gabinete se compondrá de todos los Secretarios de Estado, y será su Presidente el de la República.

Título IX. Del Poder Judicial

Artículo 90

El Poder Judicial se ejercerá en la República por una Corte Suprema de Justicia, por los Tribunales subalternos y Juzgados ordinarios que la ley establezca, y por los demás Tribunales o Comisiones especiales que haya necesidad de crear de conformidad con los Tratados Públicos.

La Asamblea Nacional ejerce determinadas funciones judiciales.

Artículo 91

La Corte Suprema de Justicia se compondrá de cinco Magistrados nombrados para un período de cuatro años. Habrá cinco suplentes para el mismo período, quienes llenarán, por su orden, las faltas accidentales de los Magistrados.

En caso de falta absoluta de algún Magistrado se hará nuevo nombramiento.

El Magistrado que aceptare empleo de Gobierno, dejará vacante su puesto.

Artículo 92

En los Tribunales y Juzgados ordinarios que la ley establezca, los Magistrados y Jueces serán nombrados por la Corte, Tribunal o Juez inmediatamente superior en jerarquía.

Artículo 93

Para ser Magistrado de la Corte Suprema de Justicia se requiere ser panameño de nacimiento, o por adopción con más de quince años de residencia en la República; haber cumplido treinta años de edad; estar en pleno goce de los derechos civiles y políticos; tener diploma de Abogado o haber ejercido con buen crédito, por diez años a lo menos, la profesión de Abogado, o desempeñado por igual tiempo funciones judiciales o del Ministerio Público y no haber sido condenado a pena alguna por delito común.

Las mismas calidades se requieren para ser Magistrado de los Tribunales de Justicia que establezcan las leyes.

Artículo 94

Los Magistrados y los Jueces no podrán ser suspendidos en el ejercicio de sus destinos, sino en los casos y con las formalidades que determinen las leyes, ni depuestos sino en virtud de sentencia judicial.

Artículo 95

La Ley determinará las causas que en materia criminal deban decidirse por el sistema de Jurados.

Artículo 96

La República administra gratuitamente Justicia en todo su territorio.

Artículo 97

La Ley señalará las asignaciones a los empleados del Poder Judicial, las que no podrán ser aumentadas ni disminuidas durante el período para el cual hayan sido nombrados.

Título X. De la formación de las leyes

Artículo 98

Las leyes tendrán origen en la Asamblea Nacional, a propuesta de algunos de sus miembros, o de los Secretarios de Estado.

Exceptúanse de esta disposición las leyes sobre materia civil y procedimiento judicial, que no podrán ser modificadas sino a propuesta de las Comisiones Especiales de la Asamblea o de los Magistrados de la Corte Suprema de Justicia.

Artículo 99

Ningún Acto Legislativo será ley si no ha sido aprobado por la Asamblea Nacional en tres debates, en días distintos, por mayoría absoluta de votos, y si no ha obtenido la sanción del Poder Ejecutivo.

Artículo 100

No podrá cerrarse el segundo debate de una Ley, ni ser votado en tercero, sin la asistencia de la mayoría absoluta de los individuos que componen el total de la Asamblea.

Artículo 101

Aprobado un proyecto de ley por la Asamblea, pasará al Poder Ejecutivo, y si este lo aprobare también, dispondrá que se promulgue como ley; si no lo aprobare, lo devolverá con objeciones a la Asamblea.

Artículo 102

El Poder Ejecutivo dispone del término de seis días para devolver con objeciones cualquier proyecto, cuando éste no conste de más de cincuenta artículos; de diez días, cuando el proyecto contenga de cincuenta y uno a doscientos artículos; y hasta de quince días, cuando los artículos sean más de doscientos.

Artículo 103

Si el Poder Ejecutivo, una vez transcurridos los indicados términos, según el caso, no hubiera devuelto el acto legislativo con objeciones, no podrá dejar de sancionarlo y promulgarlo. Pero si la Asamblea se pusiere en receso dentro de dichos términos, el Poder Ejecutivo tendrá el deber de publicar el proyecto, sancionado u objetado, dentro de los diez días siguientes a aquel en que la Asamblea Nacional haya cerrado sus sesiones.

Artículo 104

El proyecto de ley objetado en su conjunto por el Poder Ejecutivo, volverá a la Asamblea a tercer debate; el que fuere objetado sólo en parte, será reconsiderado en segundo debate con el único objeto de tomar en cuenta las objeciones del Poder Ejecutivo.

Artículo 105

El Poder Ejecutivo sancionará todo proyecto que, reconsiderado, fuere adoptado por dos tercios de los votos de los Diputados presentes al debate, siempre que su número no fuere inferior al *quorum* requerido.

En caso de que el Poder Ejecutivo objetare un proyecto por inconstitucional, y la Asamblea insistiere en su adopción, lo pasará a la Corte Suprema de Justicia para que ésta, dentro de seis días, decida sobre su exequibilidad. El fallo afirmativo de la Corte obliga al Poder Ejecutivo a sancionar y promulgar la ley. Si fuere negativo, se archivará el proyecto.

Artículo 106

Si el Poder Ejecutivo no cumpliere con el deber de sancionar las leyes en los términos y según las condiciones que este Título establece, las sancionará y promulgará el Presidente de la Asamblea.

Artículo 107

Toda ley será promulgada dentro de los seis días siguientes al de su sanción.

Artículo 108

Las leyes podrán ser motivadas, y al texto de ellas precederá esta fórmula:

La Asamblea Nacional de Panamá

Decreta:

Artículo 109

Los proyectos de ley que queden pendientes en las sesiones de un año, no podrán ser considerados sino como proyectos nuevos en otra Legislatura.

Título XI. Del Ministerio Público

Artículo 110

El Ministerio Público será ejercido por un Procurador General de la Nación, por Fiscales y Personeros, y por los demás funcionarios que designe la Ley.

Artículo 111

Corresponde a los funcionarios del Ministerio Público defender los intereses de la Nación; promover la ejecución de las leyes, sentencias judiciales y disposiciones administrativas, supervigilar la conducta de los empleados públicos en lo oficial; y perseguir los delitos y contravenciones que turben el orden social.

Artículo 112

El período de duración del Procurador General de la Nación será de cuatro años.

Artículo 113

Para ser Procurador General de la Nación se requieren las mismas calidades que para ser Magistrado de la Corte Suprema de Justicia.

Artículo 114

Son funciones especiales del Procurador General de la Nación:

1.º Cuidar de que todos los funcionarios públicos al servicio de la Nación desempeñen cumplidamente sus deberes;

2.º Acusar ante la Corte Suprema de Justicia a los funcionarios cuyo juzgamiento corresponda a esta Corporación;

3.º Cuidar de que los demás funcionarios del Ministerio Público desempeñen fielmente su encargo, y promover que se les exija la responsabilidad por las faltas que cometan;

4.º Nombrar y remover libremente a los empleados de su inmediata dependencia; y

5.º Las demás que le atribuya la ley.

Título XII. De la Hacienda Nacional

Artículo 115

Pertenecen a la República de Panamá:

1.° Los bienes existentes en el territorio, que por cualquier título pertenecieron a la República de Colombia:

2.° Los derechos y acciones que la República de Colombia poseyó como dueña, dentro o fuera del país, por razón de la soberanía que ejerció sobre el territorio del Istmo de Panamá;

3.° Los bienes, rentas, fincas, valores, derechos y acciones que pertenecieron al extinguido Departamento de Panamá;

4.° Los baldíos y las salinas; y las minas de filones y aluviones, o de cualquier otro género, y las de piedras preciosas, sin perjuicio de los derechos legítimamente adquiridos.

Artículo 116

La facultad de emitir moneda de curso legal, de cualquier clase que sea, pertenece a la Nación, y no es transferible.

No habrá Bancos particulares de emisión.

Artículo 117

No podrá haber en la República papel-moneda de curso forzoso. En consecuencia, cualquier individuo puede rechazar todo billete u otra cédula que no le inspire confianza, ya sea de origen oficial o particular.

Artículo 118

No será transferible en la República la propiedad raíz a Gobiernos extranjeros, salvo lo estipulado en tratados públicos.

Artículo 119

No podrá hacerse ningún gasto público que no haya sido autorizado por la ley.

Tampoco podrá transferirse ningún crédito a un objeto no previsto en el respectivo Presupuesto.

Artículo 120

Cuando haya necesidad de hacer un gasto imprescindible, a juicio del Poder Ejecutivo, estando en receso la Asamblea Nacional y no habiendo partida votada o siendo ésta insuficiente, podrá abrirse a la respectiva Secretaría de Estado un crédito suplemental o extraordinario.

Estos créditos se abrirán por el Consejo de Gabinete, bajo su responsabilidad colectiva, instruyendo para ello expediente que lo justifique.

Corresponde a la Asamblea Nacional la legalización de estos créditos.

Artículo 121

Ninguna contribución indirecta ni aumento de impuesto de esta clase empezará a cobrarse sino tres meses después de promulgada la ley que establezca la contribución o aumento.

Título XIII. De la Fuerza Pública

Artículo 122

Todos los panameños están obligados a tomar las armas cuando las necesidades públicas lo requieran para defender la Independencia Nacional y las Instituciones Patrias.

La Ley podrá determinar las condiciones que eximan del servicio militar.

Artículo 123

La ley organizará el servicio militar y el de la Policía Nacional.

Artículo 124

La Nación podrá tener para su defensa un Ejército permanente. Queda prohibido el reclutamiento.

Artículo 125

La fuerza pública no es deliberante. No podrá reunirse sino por orden de la autoridad legítima, ni dirigir peticiones sino sobre asuntos que se relacionen con el buen servicio y moralidad del Ejército, y con arreglo a las leyes de su instituto.

Artículo 126

De los delitos cometidos por los militares en servicio activo, y en relación con el mismo servicio, conocerán las Cortes Marciales, o Tribunales Militares, con arreglo a las disposiciones del Código Militar.

Artículo 127

Sólo el Gobierno de la Nación podrá importar y fabricar armas y elementos de guerra.

Título XIV. De las Provincias

Artículo 128

En cada Provincia habrá un Gobernador de libre nombramiento y remoción del Presidente de la República, con las funciones y deberes que las leyes determinen.

Artículo 128

En cada Provincia habrá un Gobernador de libre nombramiento y remoción del Presidente de la República, con las funciones y deberes que las leyes determinen.

Artículo 129

En cada Distrito Municipal habrá una Corporación que se designará con el nombre de Consejo Municipal, compuesta del número de miembros que la ley determine y elegidos directamente por voto popular.

Artículo 130

Los Distritos Municipales son autónomos en su régimen interior, pero no podrán contraer deudas sin la autorización de la Asamblea Nacional.

Artículo 131

Corresponde a los Consejos Municipales ordenar, por medio de acuerdos propios, o de reglamentos dictados por Juntas o

Comisiones Técnicas, lo conveniente para la administración del Distrito; votar las contribuciones y gastos locales con las limitaciones que establezca el sistema tributario nacional; y ejercer las demás funciones que las leyes les señalen.

Artículo 132

Habrá en cada Distrito Municipal un Alcalde nombrado en la forma que la ley establezca, al cual le corresponde la acción administrativa en el Municipio como Agente del Gobernador y mandatario del pueblo.

Título XV. Disposiciones generales

Artículo 133

La instrucción primaria será obligatoria, y la pública será gratuita. Habrá escuelas de Artes y Oficios, y establecimientos de enseñanza secundaria y profesional a cargo de la Nación.

La Ley podrá descentralizar la instrucción pública y destinarle rentas especiales.

Artículo 134

No habrá en Panamá empleo que no tenga funciones detalladas en ley o reglamento; ningún empleado público podrá recibir dos o más sueldos del Tesoro Nacional, salvo lo que para casos especiales dispongan las leyes.

Artículo 135

Los Ministros de los cultos religiosos no podrán ejercer en la República cargo, empleo o servicio público, personal, civil o militar, exceptuándose los destinos que se relacionen con la beneficencia o enseñanza pública.

Artículo 136

El Gobierno de los Estados Unidos de América podrá intervenir, en cualquier punto de la República de Panamá, para restablecer la paz pública y el orden constitucional si hubiere sido turbado, en el caso de que por virtud de Tratado Público aquella Nación asumiere, o hubiere asumido, la obligación de garantizar la independencia y soberanía de esta República.

Título XVI. De la reforma de la Constitución

Artículo 137

Esta Constitución será reformada por un acto legislativo expedido en la forma legal, transmitido por el Gobierno a la Asamblea Nacional ordinaria subsiguiente para su examen definitivo, debatido de nuevo por ésta y aprobado por dos tercios del número de miembros que compongan la Asamblea.

Título XVII. Disposiciones Transitorias

Artículo 138

Para asegurar a la posteridad parte de los beneficios pecuniarios que se reciban por la negociación para la apertura del Canal interoceánico, se reserva la cantidad de seis millones de dólares, que serán invertidos en seguridades que produzcan renta fija anual. La ley reglamentará esta inversión.

Artículo 139

La Ley sólo podrá imponer la pena de muerte por el delito de homicidio cuando revista caracteres atroces. Esto, mientras no existan buenos establecimientos de castigo o verdaderas penitenciarías en la República.

Artículo 140

El Primer Presidente de la República será elegido por la Convención Nacional por mayoría absoluta de votos el mismo día en que se promulgue esta Constitución. Podrá tomar posesión del puesto inmediatamente y ejercerá sus funciones hasta el treinta de Setiembre de mil novecientos ocho.

Los Designados serán elegidos el mismo día en que se elija el titular, y su período terminará el treinta de Setiembre de mil novecientos seis.

Artículo 141

Podrá ser elegido primer Presidente constitucional de la República de Panamá, cualquier ciudadano que, sin ser panameño de nacimiento, hubiere tomado parte activa en la independencia de ella.

Artículo 142

Tan pronto como esta Constitución sea sancionada por la Junta de Gobierno Provisional de la República, la Convención perderá el carácter de tal, y asumirá todas las funciones atribuidas a la Asamblea Nacional, sin que por esto comprenda a los Convencionales la prohibición establecida en el artículo 64.

Artículo 143

Antes de la fecha en que deba reunirse la primera Asamblea Nacional volverá a ejercer las funciones legislativas la Convención Nacional Constituyente, cuando sea convocada a reuniones extraordinarias por el Poder Ejecutivo.

Artículo 144

La primera Asamblea Nacional se reunirá el primero de Setiembre de mil novecientos seis.

Artículo 145

Ratifícanse expresamente todos los actos expedidos por la Junta de Gobierno Provisional desde el tres (3) de Noviembre de mil novecientos tres hasta el quince (15) de Enero del presente año.

Artículo 146

Los monopolios existentes y demás privilegios continuarán hasta la terminación de los respectivos contratos legítimos, si no fuere posible celebrar con los concesionarios convenios equitativos para su terminación inmediata.

Artículo 147

Todas las leyes, decretos, reglamentos, órdenes y demás disposiciones que estuvieren en vigor al promulgarse esta Constitución, continuarán observándose en cuanto no se opongan a ella, ni a las leyes de la República de Panamá.

Artículo 148

Esta Constitución comenzará a regir, para los altos Poderes Nacionales, desde el día en que sea sancionada; y para la República, quince días después de su publicación en la Gaceta Oficial.

Dada en la ciudad de Panamá, a trece de Febrero de 1904.

El Presidente de la Convención Constituyente, Convencional por la Provincia de Panamá, PABLO AROSEMENA.

Junta de Gobierno Provisional de la República.

Panamá, a quince de Febrero de mil novecientos cuatro.

Publíquese y ejecútese.

J. A. ARANGO - FEDERICO BOYD - TOMÁS ARIAS.

Lk

Printed in Poland
by Amazon Fulfillment
Poland Sp. z o.o., Wrocław